Las VERDURAS QUE COMEMOS

Edición actualizada

Gail Gibbons

HOLIDAY HOUSE · NEW YORK

Para Michael Cooper,
que se come todas sus verduras

Se agradece especialmente a Becky Grube, especialista en horticultura de la
Universidad de Nuevo Hampshire, en Durham (Nuevo Hampshire); a Bob Shearer,
de Shearer's Greenhouse, en Bradford (Vermont), y a Wendy Klooster, doctora en
Horticultura y Ciencias de los Cultivos de la Universidad Estatal de Ohio.

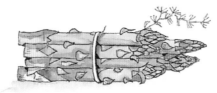

English text copyright © 2024 by Gail Gibbons
Illustrations copyright © 2007 by Gail Gibbons
Spanish translation copyright © 2024 by Holiday House Publishing, Inc.
Spanish translation by María A. Cabrera Arús
Originally published in English as *The Vegetables We Eat* in 2007
All Rights Reserved
HOLIDAY HOUSE is registered in the U.S. Patent and Trademark Office.
Printed and bound in March 2024 at Leo Paper, Heshan, China.
www.holidayhouse.com
First Spanish Language Edition
1 3 5 7 9 10 8 6 4 2

Library of Congress Cataloging-in-Publication Data is available.

ISBN: 978-0-8234-5802-8 (Spanish paperback)
ISBN: 978-0-8234-5685-7 (English hardcover as *The Vegetables We Eat (New & Updated)*)

Las plantas PERENNES crecen durante muchas temporadas sin que haya que replantarlas.

Las plantas ANUALES solo crecen durante una temporada. Es necesario sembrar nuevas plantas cada vez, pero algunas desprenden sus propias semillas.

LECHUGA

MAÍZ

PAPAS

PIMIENTOS

TOMATES

FRIJOLES

¡Mira cuántas verduras! Las verduras son partes de plantas que se cultivan para comer. La mayoría son plantas anuales. Algunas son perennes.

Es bueno comer verduras. Son nutritivas y nos ayudan a mantener un cuerpo fuerte y sano. Además, son sabrosas.

Las verduras se comen de distintas maneras.

Las verduras tienen diferentes formas, tamaños y colores.

HOJAS

Un BOTÁNICO es un científico que estudia las plantas.

BULBOS

FLORES

RAÍCES

TUBÉRCULOS

TALLOS

FRUTAS

SEMILLAS

Los botánicos agrupan los distintos tipos de verduras según la parte de la planta que se come. Existen ocho grupos de verduras.

VERDURAS DE HOJA

LECHUGA ICEBERG

LECHUGA ICEBERG

Otras lechugas...

LECHUGA ROMANA

LECHUGA MANTECOSA

LECHUGA DE HOJA ROJA

Nos comemos las hojas de estas verduras.

Otras verduras de hoja...

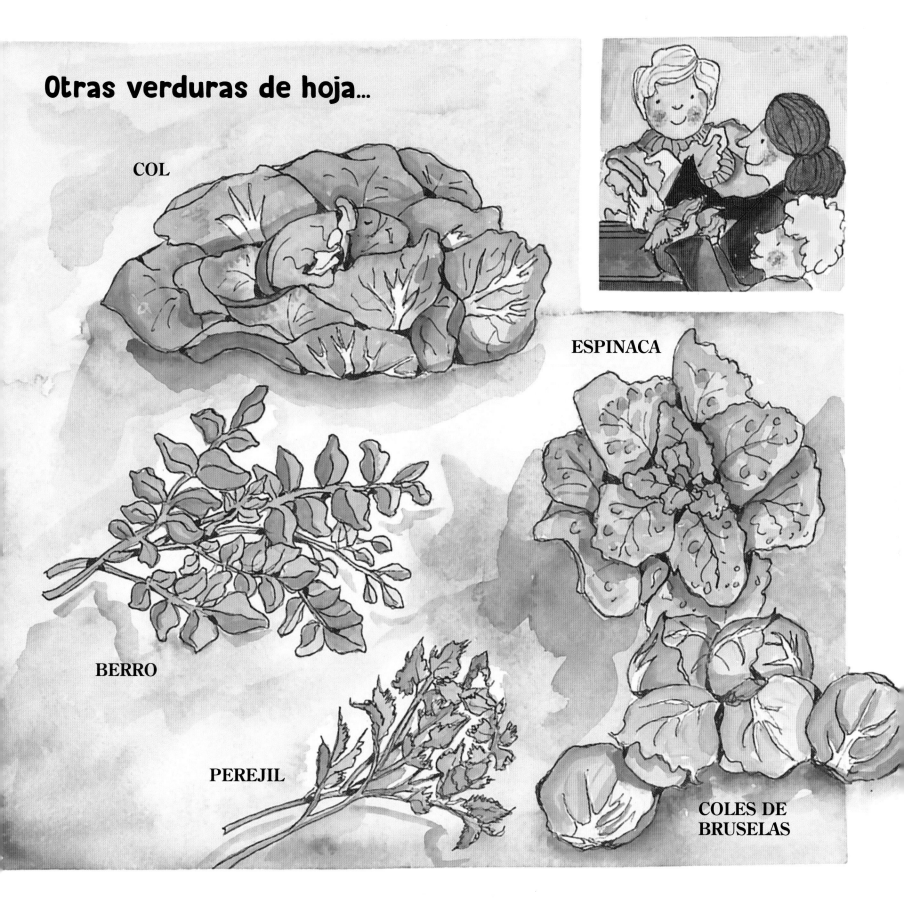

COL

ESPINACA

BERRO

PEREJIL

COLES DE
BRUSELAS

9

VERDURAS DE BULBO

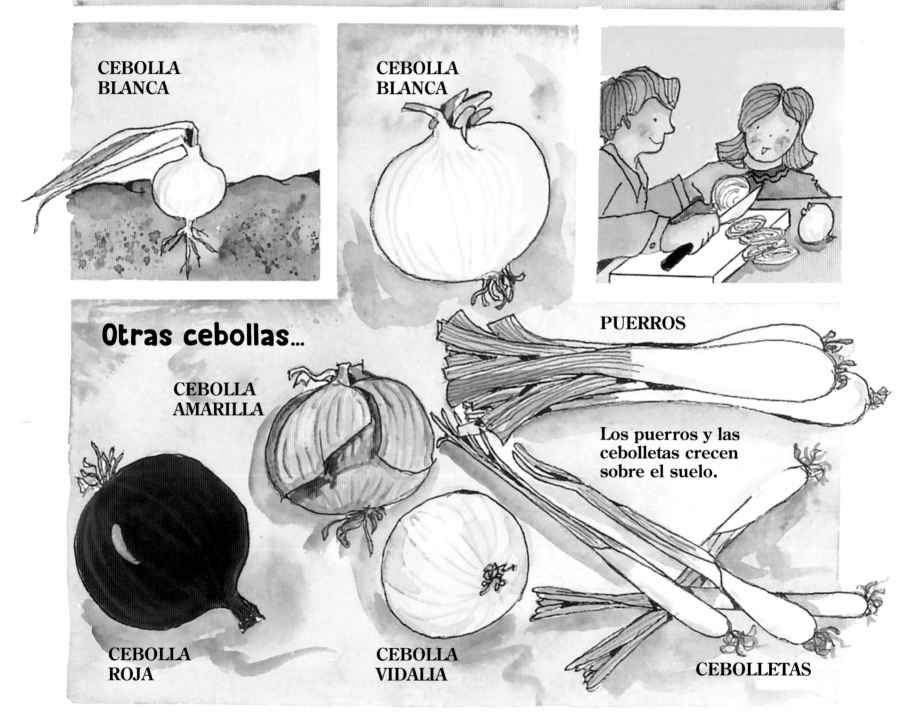

CEBOLLA BLANCA

CEBOLLA BLANCA

Otras cebollas...

CEBOLLA AMARILLA

PUERROS

Los puerros y las cebolletas crecen sobre el suelo.

CEBOLLA ROJA

CEBOLLA VIDALIA

CEBOLLETAS

Comemos bulbos que crecen bajo tierra.

VERDURAS DE FLOR

COLIFLOR BLANCA BOLA DE NIEVE

COLIFLOR BLANCA BOLA DE NIEVE

Otras coliflores...

COLIFLOR CHEDDAR

COLIFLOR MORADA

Otras verduras de flor...

ALCACHOFA

BRÓCOLI

Los brotes florales de estas verduras son comestibles.

VERDURAS DE RAÍZ

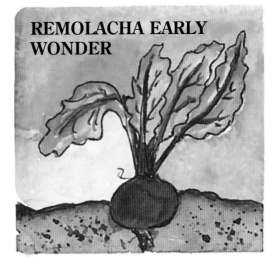

REMOLACHA EARLY
WONDER

REMOLACHAS
EARLY WONDER

Otras remolachas...

Algunas personas se
comen las HOJAS DE
LA REMOLACHA.

REMOLACHAS RED ACE

REMOLACHAS
DETROIT

Las raíces de estas verduras se comen. Crecen bajo tierra.

Otras verduras de raíz...

CHIRIVÍAS

NABO

NABO SUECO

ZANAHORIAS

RÁBANOS

TUBÉRCULOS

PAPAS
KENNEBEC

PAPAS
KENNEBEC

Otras papas...

PAPAS RUSSET
BURBANK

PAPAS YUKÓN
ORO

PAPAS ROJAS
NORLAND

PAPAS MORADAS
PERUANAS

La parte comestible de estas verduras, el tubérculo, crece
bajo tierra.

VERDURAS DE TALLO

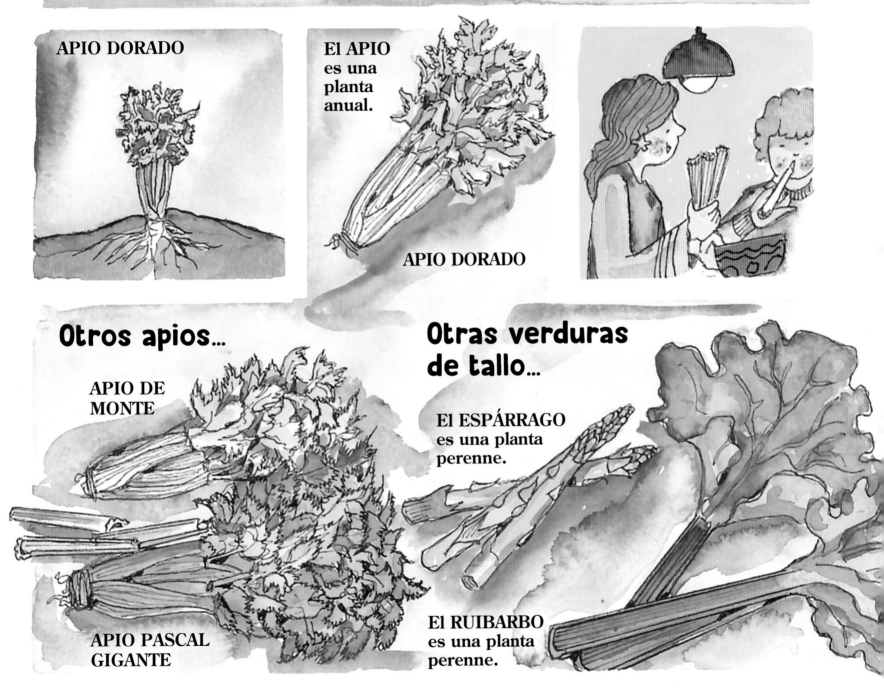

APIO DORADO

El APIO es una planta anual.

APIO DORADO

Otros apios...

APIO DE MONTE

APIO PASCAL GIGANTE

Otras verduras de tallo...

El ESPÁRRAGO es una planta perenne.

El RUIBARBO es una planta perenne.

Los tallos de estas verduras se comen. Algunas verduras de tallo son perennes.

VERDURAS DE FRUTA

TOMATES BEST BOY

TOMATES BEST BOY

Otros tomates...

TOMATE CORAZÓN DE BUEY

TOMATE MARGARITEÑO

TOMATE SUGAR PLUM

TOMATE CEREZA

TOMATE AMARILLO

Estas son algunas de las verduras de fruta que comemos.

Otras verduras de fruta...

BERENJENA

PEPINOS

PIMIENTOS MORRONES

PIMIENTOS PICANTES

CALABAZA AMARILLA

CALABACÍN

CALABAZA

CALABAZA BUTTERNUT

VERDURAS DE SEMILLA

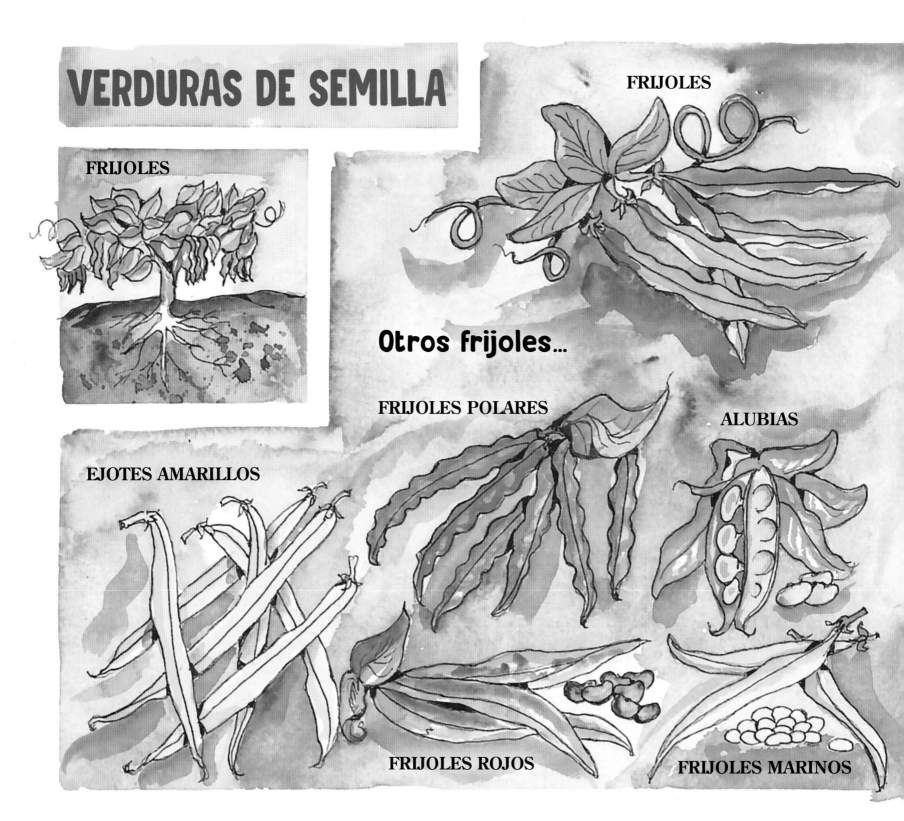

FRIJOLES

FRIJOLES

Otros frijoles...

FRIJOLES POLARES

ALUBIAS

EJOTES AMARILLOS

FRIJOLES ROJOS

FRIJOLES MARINOS

Las semillas de estas plantas son comestibles. Algunas verduras de semilla crecen en vainas. A veces las vainas también son comestibles.

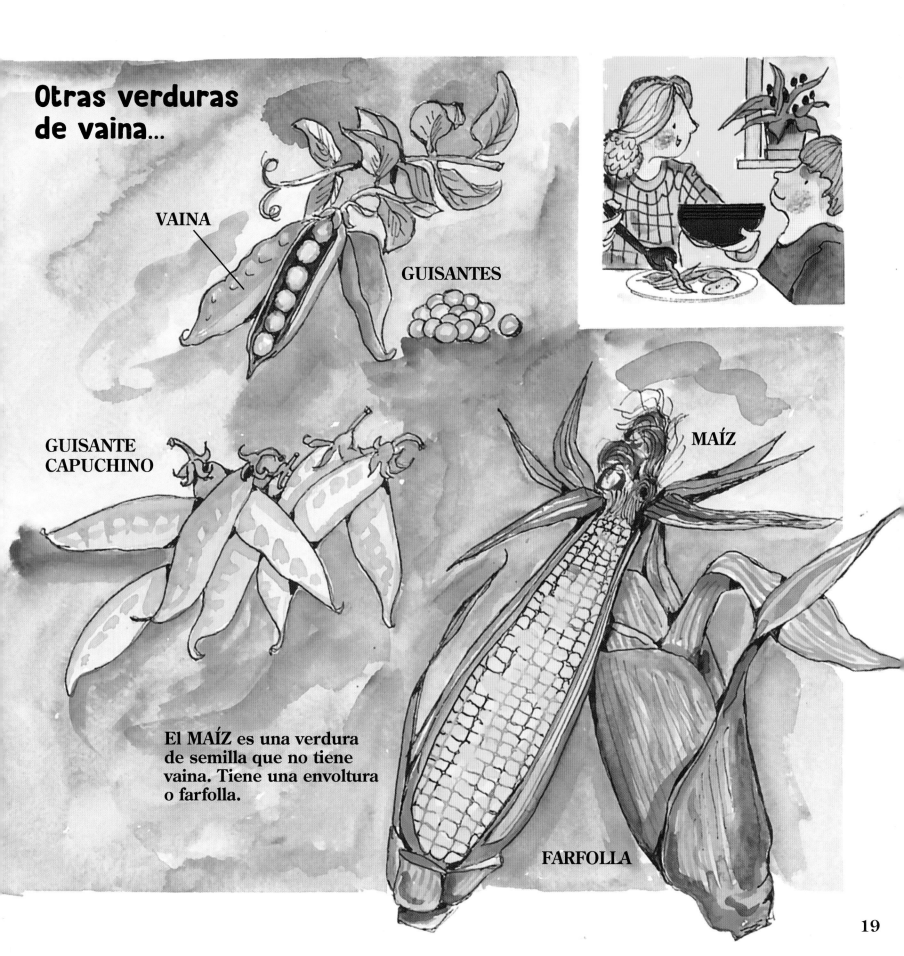

Otras verduras de vaina...

VAINA

GUISANTES

GUISANTE CAPUCHINO

MAÍZ

El **MAÍZ** es una verdura de semilla que no tiene vaina. Tiene una envoltura o farfolla.

FARFOLLA

19

LA SOYA

El ACEITE DE SOYA se utiliza para fabricar la mayoría de los aceites vegetales de uso doméstico.

ACEITE

LECHE DE SOYA

SOYA

MARGARINA

PINTURAS

PINTURA

SALSA DE SOYA

PAPEL

TOFU

TELA

TOFU

JABÓN

JABÓN

PLÁSTICOS

La soya es una verdura de vaina con una semilla especial. Se puede usar de muchas formas. Con algunas semillas de soya se hacen productos alimenticios. El aceite de soya se usa para elaborar muchos productos no alimenticios.

CÓMO CULTIVAR TU PROPIO HUERTO

Los ABONOS son sustancias que se añaden al suelo para alimentar las plantas.

ABONO
ABONO
ABONO

Para remover el suelo se puede usar una PALA.

Se puede utilizar un RASTRILLO para alisar la tierra y prepararla para la siembra.

Cuando llega la primavera, muchas personas plantan, cultivan y cosechan sus propias hortalizas. Para ello, suelen comprar paquetes de semillas, que traen instrucciones.

A veces se utilizan CUERDAS o VARILLAS para formar hileras o para sostener plantas trepadoras.

Cuando las semillas se plantan en círculo y se cubren con montoncitos de tierra, estos se denominan MONTÍCULOS.

POSTURAS

SEMILLAS

La PALA DE JARDINERÍA se utiliza para cavar pequeños huecos para las semillas y posturas.

PIMIENTO

LECHUGA

Algunas personas siembran plantas de semillero o almácigo, también llamadas posturas. Las semillas de verduras o las plántulas de semillero por lo general se siembran en hileras rectas o en círculos.

ASPERSOR

MANGUERA

ESPANTAPÁJAROS

REGADERA

Para deshierbar
se puede utilizar
una AZADA.

Hay que quitar las malas hierbas y regar el huerto con
regularidad. Las plantas empiezan a crecer.

En las ciudades, la gente puede cultivar verduras en macetas.

Las plantas de verduras crecen y crecen hasta que están listas para la cosecha.

GRANDES GRANJAS DE VERDURAS

Se agregan **FERTILIZANTES** a la tierra.

Un **ARADO** remueve la tierra.

Una **RASTRA** desmorona y nivela la tierra para prepararla para la siembra.

Una **SEMBRADORA** coloca las semillas en línea recta.

Los agricultores fertilizan la tierra con abono. Luego roturan, aran y siembran los campos.

Algunas verduras se recogen a mano.

Otras verduras se cosechan con máquinas.

Se utilizan grandes sistemas de aspersión para regar las plantas de verduras. Al final del periodo de crecimiento, se cosechan las verduras.

Los camiones frigoríficos transportan las verduras a las plantas de procesamiento, donde se lavan y clasifican. Algunas verduras se congelan, otras se enlatan y el resto se venden frescas.

Las verduras son despachadas a diversos puntos de venta, cercanos y lejanos, para su comercialización.

En las tiendas de comestibles se pueden encontrar verduras frescas. Las verduras enlatadas están en las estanterías. Las verduras congeladas están en los congeladores.

Algunas personas compran verduras frescas en las granjas. Es divertido elegir qué comprar. ¡Cuántas verduras deliciosas!

VERDURAS... VERDURAS... VERDURAS...

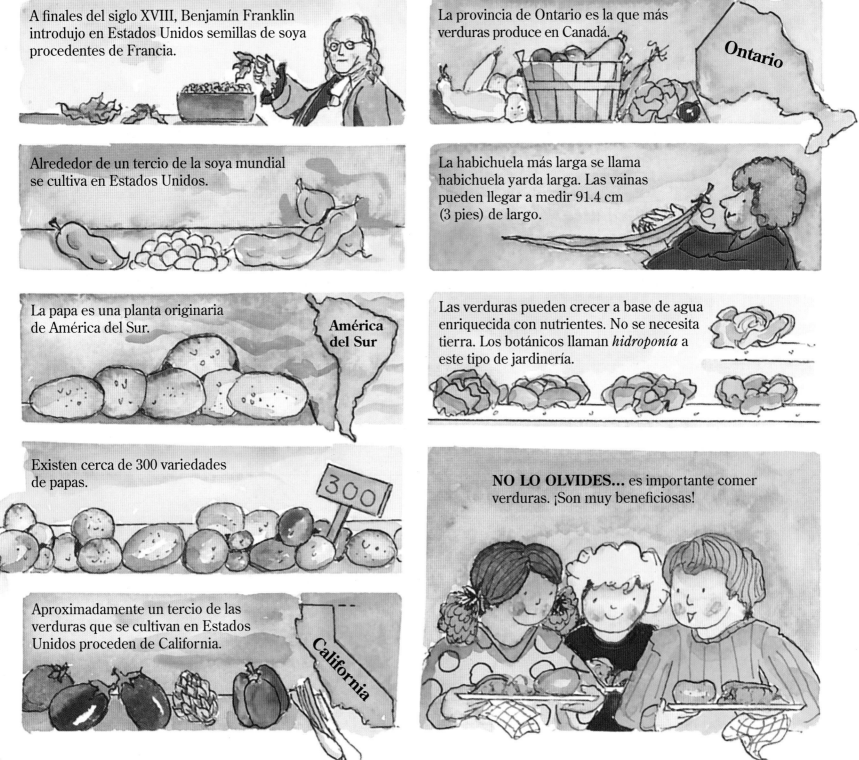

A finales del siglo XVIII, Benjamín Franklin introdujo en Estados Unidos semillas de soya procedentes de Francia.

La provincia de Ontario es la que más verduras produce en Canadá.

Ontario

Alrededor de un tercio de la soya mundial se cultiva en Estados Unidos.

La habichuela más larga se llama habichuela yarda larga. Las vainas pueden llegar a medir 91.4 cm (3 pies) de largo.

La papa es una planta originaria de América del Sur.

América del Sur

Las verduras pueden crecer a base de agua enriquecida con nutrientes. No se necesita tierra. Los botánicos llaman *hidroponía* a este tipo de jardinería.

Existen cerca de 300 variedades de papas.

300

NO LO OLVIDES... es importante comer verduras. ¡Son muy beneficiosas!

Aproximadamente un tercio de las verduras que se cultivan en Estados Unidos proceden de California.

California